Warum gibt es eine Menschheit

Alfred Heim

Warum gibt es eine Menschheit

Gottesglauben des Christen

Bibliografische Information der Deutschen Nationalbibliothek:
Die Deutsche Nationalbibliothek verzeichnet diese Publikation
in der Deutschen Nationalbibliografie; detaillierte bibliografische
Daten sind im Internet über http://dnb.dnb.de abrufbar.

Bibliografische Information der Schweizerischen Nationalbibliothek:
Die in der Schweizerischen Nationalbibliothek verzeichneten
Publikationen sind in dieser Nationalbibliothek erschlossen.

Herstellung und Verlag
BoD – Books on Demand, Norderstedt
ISBN: 978-3-7526-1833-4

Vorwort

Liebe Leserin, lieber Leser,
seit der zweiten Hälfte des zwanzigsten Jahrhunderts
mehren sich jedes Jahr die Kirchenaustritte.

Das bereits herausgegebene
Taschenbuch
»Die Glaubenskrise des Christentums«

hat sich bereits mit dieser Entwicklung
auseinandergesetzt.

Die angeführt verlautbarten Gründe sind persönlich zwar wohl sehr verschieden; doch folgende erkannte Ursache verschuldet hauptsächlich allgemein diese Entwicklung.

Es geht einerseits um unbeantwortete Fragen oder unverständliche Auslegungen von biblischen Aussagen und Erklärungen in der Religionslehre der Kirche.

Dies betrifft zum Beispiel das Thema des »Woher und Wohin« des menschlichen Geistes. Zum »Woher« wird von Kirchenobrigkeiten zum Teil vertreten, dass der menschliche Geist selbst erst ab irdischer Geburt erschaffen und existent sei und dass es gemäss der Frage »Wohin« auf Grund der verwesten Körper aller Verstorbenen für diese keine irdische

Auferstehung derselben an einem zu erwarteten »Jüngsten Tag« geben werde.

Der in Gesprächen, Vergnügungen, Liedern und anderen Gelegenheiten bekundete »Slogan«

»Wir leben nur einmal«

erwartet weder ein Weiterleben nach dem irdischen Tode in einem Jenseits noch eine irdische »Wiederinkarnation« auf Erden; und dass es nach dem Ableben kein geistiges Weiterleben mehr gibt.

Dabei werden zum Beispiel biblische Hinweise auf die »Wiedergeburt« nicht als notwendige Inkarnation, sondern als reine geistige Bekehrung erklärt.

Wenn es ein Weiterleben nach dem irdischen Tode nicht gibt, kann es auch kein persönliches Ziel dazu geben. Mitglieder des konfessionellen Christentums vermissen deshalb im Hinblick auf ihr einmal zu erwartendes Ableben kein geistiges Ziel ihres irdischen Daseins.

Deshalb bestehen für die Gestaltung und Tätigkeiten nur irdische Vorgaben, Gesetze und Möglichkeiten.

Dieses Buch versucht deshalb, suchenden Menschen die wichtigsten Fragen des menschlichen Seins und Lebenssinnes zu offenbaren.

Über die Quellen der folgenden Orientierungen und Angaben wird laufend hingewiesen.

Inhaltsverzeichnis

Die Einleitung

Die Religionslehre von heute ist auf Grund umfangreicher Informationslücken, Falschauslegungen von biblischen Aussagen und Orientierungen nicht in der Lage, den wahren Glauben zu erkennen und zu pflegen.

Beispiele von autokratisch groben Irrlehren sind:

- Die Beichtpflicht mit dem Recht der Sündenvergebung.
- Die Dogmenbeschlüsse des Konzils.
- Die päpstliche Gottesvertretung.

Die Kirche ist auch nicht in der Lage, das uns nach dem Ableben zu erwartende Jenseits zu schildern.

Was finden wir dort vor? Wie finden wir uns dort zurecht? Werden wir in Gottes Auftrag empfangen, und von wem, vielleicht von uns schon früher vorangegangenen Lieben und Bekannten? Viele Fragen bewegen uns.

Wie geht es weiter?

Wie ist es den uns Vorangegangenen ergangen?

Und weil wir im vergangenen Leben nie etwas darüber erfuhren, was uns nach unserem Ableben erwarten könnte, und aus dem Volksmund oft suggeriert wird, »nach dem Sterben sei alles, aber auch gar alles aus«, entgeht uns allgemein jegliches Wissen dazu.

Sollten wir vom menschlichen Leben durch die Religionslehre über die göttliche Geschichte und deren Entwicklung und Geschehnisse wenig oder gar nichts vernommen haben, wird es sehr schwierig, die Bibel, im Speziellen deren von Christus gegebenen Gleichnisse, zu verstehen.

Das Dasein

Liebe Leserin, lieber Leser,

jetzt wollen wir etwas von der Geschichte Gottes, von Christus und von den Engeln lesen.

Später können wir dann auch die Gleichnisse von Christus lesen und besser verstehen.

Der Inhalt dieses Berichtes beginnt mit Bezug auf die Ewigkeit und die Unendlichkeit, mit der Frage, wann haben diese einen Beginn und wann ein Ende?

Eine philosophische Frage, die uns beschäftigen kann, weil diese mit dem Zeitablauf unserer irdischen Existenz verknüpft ist und auch mit unserem Interesse

»Warum gibt es eine Menschheit«.

Dies beinhaltet auch die damit verbundene Frage des

»Woher und Wohin«

des menschlichen Daseins.

Letztere Frage »Woher« ist nur möglich durch die Existenz

eines Ausgangsortes oder Daseinsbereiches in Ewigkeit und Unendlichkeit.

Beginnen wir eingehend die Eigenschaft der Ewigkeit zu ergründen.

Gemäss Wortsinn hat diese weder einen Anfang noch ein Ende. Wir Menschen sind mit den uns gegebenen Sinnen nicht in der Lage, ausser Raum, Zeit und materiellen Beziehungen überirdische Zusammenhänge zu erfassen.

Dieser Ausgangsort des »Woher« hat selbst auch keinen Beginn, aber dessen unzerstörbares Sein.

Im überirdischen, jenseitigen Raum, in der als Himmel bezeichneten göttlich-geistigen Daseinsebene, waltet, wie im christlichen Glauben bezeugt, unser grosser Schöpfervater Gott.

Dieses Dasein bewahrt es sich durch die absolute Vermeidung jeglicher negativen Wirkungseinflüsse.

Anderes wäre dessen Selbstzerstörung.

Diese »Bewahrungsfähigkeit« ist untrennbar verbunden mit einer grenzenlosen schöpferischen Gestaltungskraft. So besteht im Bereich von Ewigkeit und Unendlichkeit eine persönliche Allmacht. Die vielen menschlichen Völker haben dafür verschiedene Namen wie »Gott«, »Allah«, »Zeus«, »Isis«, »Jupiter« usw.

Von dem von Christus gesandten »Geistern (Engeln) der Wahrheit« erfahren wir, dass Gott anfangs der unermesslichen Urzeiten allein war.

Dies bis zur Zeit des von Gott ins ewige Leben gerufenen Sohnes »Christus« (eingeborener Sohn Gottes).

Christus hat damit zeitlich einen Beginn.

In für uns Menschen unergründlichen Zeiten lebten Gott und Christus miteinander und beschlossen dann eine grosse Gemeinschaft selbstbewusster göttlicher Wesengeister (Engel) auch in ein ewiges Leben zu rufen.

So entfaltete sich im Himmel eine eigens
hierarchisch strukturierte Engelswelt
(siehe separat gezeichnetes Bild des
»siebenarmigen Leuchters«)

mit verschiedentlich befähigten Geschöpfen, Familien und Völkern; dies unter Beachtung einer göttlich gesetzlichen Ordnung und Zuteilung verschiedenster Stufen schöpferischer Fähigkeiten und Entscheidungszuständigkeiten.

Zur Führung, Betreuung und zu weiteren geistigen Förderungen
dieser umfangreichen göttlichen Völkerscharen
salbte Gott seinen »eingeborenen Sohn Christus«
als ihren übergeordnet zuständigen König.

Gottvater stattete dazu seinen Sohn mit denselben schöpferischen Fähigkeiten und Entscheidungszuständigkeiten seiner selbst aus.

Im Anfang war
das Wort,
und das Wort war
bei Gott.

Der Fall von Engeln (Geisterfall)

Dem zuerst zu dieser Himmelshierarchie ins Leben gerufene Geist »Lichtträger«, »Erzengel Luzifer«, missfiel nach Zeiten, dass Christus als der von Gottvater über die ganze geistige Welt gesalbte König über grössere Zuständigkeiten und Macht verfügen konnte, und er wünschte auch König zu sein.

So verstiess er gegen den von Gott verlangten Gehorsam zu göttlichen Geboten und den Zuständigkeiten des Königs Christus.

Mit Hilfe seiner Erzengelmöglichkeit warb er in allen Völkerschaften dafür und versprach den dies Befürwortenden, dabei grössere Machtbefugnisse erhalten zu können.

Christus besprach diese Situation mit Gottvater.

Gott sah das alles und entschied:

Mit einem Einschreiten wollte Gott noch warten, bis die Stellungnahmen aller Völkerschaften zum Anliegen von Luzifer bekannt sein konnten.

Dann als Luzifer glaubte gesamthaft mit seinen ihm Zustimmenden stark genug zu sein, gegen Christus aufzutreten, schritt Gott gewaltig ein.

Luzifer wurde mit all seinen Werbehelfern, den ihm Zustimmenden und auch Wankelmütigen aus dem Himmel gestürzt und in die von Gott voraussehend erstellten höllischen Bereiche verbannt.

Nun war bei vielen der Gefallenen grosse Reue und bei den Gott treu gebliebenen grosse Trauer. Viele Familien wurden so infolge unterschiedler Meinungen zu Luzifers Anliegen auseinandergerissen.

Gott und Christus erbarmten sich und sannen nach einer Lösung, die reuigen Gefallenen wieder in das Haus Gottes zurückführen zu können. Dazu versuchten Gott und Christus weniger Verschuldeten in einer himmelsnahen jenseitigen Sphäre, unter Auflage einer Gehorsamsaufgabe, ein so genanntes »Paradies« zur Verfügung zu stellen.

Eine Rückkehr in das Haus Gottes könnte dann möglich werden, wenn eine so gegebene Gehorsamsaufgabe über unbeschränkt lange Zeiten erfüllt sein könnte.

Dieses »Paradies« grenzte an eine sehr schöne, fruchtbare Jenseitsebene, in das sie trotz Möglichkeit als Gehorsamkeitsprüfung nie hinübertreten durften. Die beiden, Adam und Eva, konnten aber dieser Versuchung nicht widerstehen und brachen den Gehorsam.

Dieser Rückkehrversuch musste abgebrochen und ein neuer Weg beschlossen werden. Das Beispiel zeigt, dass ein erteilter Hinweis und ein Gebot keine Verhaltensänderung garantiert. Dazu braucht es einen seelischen Lernprozess, der nur durch seelisch bewirktes Erfahren gewonnen werden kann.

Dieser »neue Weg« heisst nun »Lehrzeit« über mehrere Lernstufen, das heisst aufeinanderfolgende Menschenleben. Dazu musste eine materiell-stoffliche irdische Welt geschaffen werden.

In der Zwischenzeit realisierte Luzifer, der jetzige Satan, Gott und Christus könnten, auf Grund von tiefer Reue von Gefallenen, solchen wieder vergeben und wieder zurück in das Haus Gottes führen.

Das würde er von Gott, der stets nur in höchster Gerechtigkeit entscheide, nie erwarten. Denn auf Grund der Mithilfe zum Brechen des Gehorsams gegen göttliches Gesetz seien sie jetzt ihm unabänderlich zugehörig.

Dazu argumentierte Satan, dass es nie möglich sein werde, dass je ein Mensch – trotz extremster böser Einflüsse und schlimmster Anstrengungen Satans gegen ihn! – ein Leben lang, lückenlos Gott die Treue halten könne.

Nur wenn das einmal geschehen könnte, würde er das Recht über die Gefallenen verlieren.

Und Gott war in seiner unendlichen Gerechtigkeit mit diesem Argument und der Schlussbestimmung Satans einverstanden!

Aus den Gefallenen konnten nun welche laufend für je ein menschliches Leben zur Erde inkarniert werden und hatten damit die Möglichkeit, sich durch ein positives Erdenleben in ihrer geistigen Stufe etwas zu verbessern. Nach ihrem irdischen Ableben mussten sie jeweils wieder in den Zuständigkeitsbereich Satans zurückkehren, allerdings möglicherweise in eine etwas weniger leidvolle Stufe.

Entsprechend der neuesten Vereinbarung zwischen Gott und Luzifer beschlossen nun Gott und Christus Vorbereitungen zu treffen für die Sendung eines Geistes, diese schwere Aufgabe für eine so mögliche Erlösung der Gefallenen aus der Knechtschaft Satans auf sich zu nehmen.

Eine solche Aufgabe sollte in Israel, dem Stammland des Gottesvolkes, möglich sein.

In vorgehenden Jahrhunderten sandte Gott seine Propheten, um auch vorbereitend dazu den Gottesglauben im israelischen Volk noch zu stärken.

Diese Propheten verkündeten auch die Botschaft, dass ein *Messias* kommen werde, um das Volk aus ihrer satanischen Knechtschaft zu befreien.

Christus wünschte beim Vater diese Erlösungsaufgabe selbst zu übernehmen.

Es seien seine, ihm als König anvertrauten Gotteskinder, und er werde sie selbst zurückholen.

Dass er dies selbst tun werde, soll dem Satan aus Sicherheitsgründen so lange als möglich und notwendig verborgen bleiben.

Dem Christen sind die im Neuen Testament der Bibel berichteten Geschehnisse der Geburt von Jesus Christus, seinen als Knabe im Tempel Jerusalems den Pharisäern und Schriftgelehrten erklärten Schriftdeutungen und im Kreise seiner Familie und Bekannten gegebenen Lebensratschläge bekannt.

Anlässlich seiner Taufe bei Johannes sprach Gottvater Jesus als seinen »von ihm geliebten Sohn« an.

Mit der Verwandlung von Wein auf der Hochzeit zu Kanaan begann Christus seine öffentlichen Lehr- und Heiltätigkeiten, wie in dem folgenden Kapitel

»Christi Werke« und »Christi Botschaft/ Geisteslehre« aufgezeichnet.

Christi Botschaft, Geisteslehre

- Was der Mensch zu tun und zu lassen hat
- Nächstenliebe, göttliche Gebote und Gesetze,
- Tugenden, Gerechtigkeit, Wahrheit,
- Treue, Güte, Verständnis, Vergebung
- Bergpredigt (Mat. 5,1–7,29)
- »Ich bin in euch« (Joh. 10,38 und 17,21)
- »und ihr seid in mir«
- Sie kehren alle zurück zu ihm,
- zu Christus, und dort, wo er ist,
- sollen ja alle hinkommen. (Joh. 4,3)

Christi Werke

»Start zur öffentlichen Lehrtätigkeit und Erlösungswerk.
Bei der Hochzeit in Kana in Galiläa verwandelte Jesus,
nach Aufforderung seiner Geistgeschwister,
Wasser in Wein«
»Es war der Start zu seiner öffentlichen Lehrtätigkeit«
»Alles, was da ist, ist durch ihn geworden« (Koll. 1,16)
»Jesus belehrt (in seinem 12. Lebensjahr), als frisch
volljährig erklärter, während seiner Vorstellung im
Tempel Jerusalems, während drei Tagen und
Nächten, anlässlich der Schriftlesungen, die Schrift-
gelehrten über falsche Stellen in der Heiligen Schrift
und deren wahren Bedeutung«
»Schon vor seiner öffentlichen Lehrtätigkeit hatte
Jesus daheim, und bei den Leuten so viel
Ausserordentliches getan«
Heilung der Aussätzigen (Luk. 17,11–19)
Die Auferstehung, Auferweckung des Verstorbenen Lazarus
(Joh. 11)
»Jesus heilte im Verwandten- und
Bekanntenkreis laufend Kranke«
»In seinen Heilungen von Kranken wurde
Christus stets von der Engelswelt geführt.«
»Jesus heilte öffentlich Kranke, Blinde,
Lahme, Aussätzige«

»Heilung des Gichtbrüchigen, Gelähmten« (Mark. 2,3–12)
»Heilung des Armgelähmten« (Mat. 12,9–13)
»Heilung der zehn Aussätzigen« (Luk. 17,12–19)
»Heilung des Blindgeborenen« (Joh. 9,1–3)
»Heilung des Wassersüchtigen« (Luk. 17,12–19)
»Jesus heilt im Tempel«
»Jesus verleiht seinen Jüngern Macht,
Kranke zu heilen« (Mat. 10,5–14)
»Austreibung eines bösen Geistes
aus einem Stummen,
der dann wieder sprechen konnte« (Mat. 9,32–33)
»In der Synagoge von Kapernaum:
Austreibung eines bösen Geistes«
»Heilung des Besessenen von Gergesa« (Luk. 8,26–39)
»Er verlieh seinen Jüngern Macht, böse Geister
auszutreiben.«
»Jesus hat aus Maria Magdalena
sieben böse Geister ausgetrieben« (Mark. 16,9 / Luk. 8,2)

»Jesus erwirkt der Maria Magdalena
die Vergebung ihrer Sünden«
»Brot- und Fischvermehrung für das
ihm zuhörende Volk« (Joh. 6,1–15)
»Jesus geht zu Fuss über das Wasser,
zum Boot der Jünger«
»Denn wie der Blitz aufblitzt und von einer Gegend unter dem Himmel zur andern unter dem Himmel leuchtet, so

wird der Sohn des Menschen an seinem Tage sein. Zuvor aber muss er vieles leiden und verworfen werden von diesem Geschlecht.

So wird es einen Tag geben,
und es ist der Tag des Menschensohnes,
wo er in seinem Glanz
und seinem Lichte ist.« (Luk. 17,24)

- Erlösungsauftrag: (Luk. 17,22–25)
- bringt ihm grosses Leiden
- »Ja, das war doch wahrhaftig der Sohn Gottes« (Mat. 27,45 und 54 / Luk. 23,44 und 47–48)
- »Ich bin das Gericht« (Joh. 9,9)

Die Erlösung durch Christus

Dann kam auch einmal die Zeit, in welcher für Christus der schwere Erlösungsauftrag zur Erfüllung vorgesehen war.

Das Neue Testament der Bibel berichtet ausführlich darüber.

Trotzdem ihm, dem Gekreuzigten, von Satan furchtbarste Leiden zugefügt wurden, erfüllte Christus durch lückenlos absolute Treue zu Gottvater den schweren Auftrag und vollbrachte die Erlösung der Gefallenen aus der Knechtschaft Satans, so wie Satan einst Gott zugestimmt hatte.

Die mit all den Satan zur Verfügung stehenden Mitteln Christus dazu zu bringen, abzuschwören, dass er Gottes Sohn sei, scheiterten an Christi Standhaftigkeit und Gottestreue.

Gleich nach dem letzten Herzschlag drang der Geist Christus, begleitet von seinen gut kampfbereit ausgerüsteten Engelscharen, in die Hölle ein.

Nach dem erfolgten Sieg Christi über die Einflussanstrengungen Satans war jetzt der Weg offen, Satans Machtmöglichkeiten grösstenteils für alle Zeiten einzuschränken. Bisher konnte er auf Erden Mensch, Tier und Natur nach Belieben schädigen.

Satan musste jetzt zum **unwiderruflichen** Zugeständnis der von Gott und Christus ausgearbeiteten neuen Gesetzesordnung gebracht werden.

Das ging nicht ohne geistigen Kampf zwischen Luzifer, seinen ihm noch hörigen Knechten und Christus mit seinem geistigen Kampfheer.

Christus nahm nach Eindringen in die Hölle diesen harten Kampf auf und zwang in drei Tagen Luzifer auf die Knie, der nun um Gnade flehte und dieser neuen Gesetzesordnung zustimmen musste.

Dem Luzifer wurde nur noch das einzige Recht zugestanden, die Menschen geistig beeinflussen zu können. Damit wurde die Situation geschaffen, in der der Mensch mit seinem von Gott gegebenen

»freien Willen«
stets selbst entscheiden kann,

welchen Einflüssen er, ob
»den guten oder den bösen«,
jeweils Folge zu leisten gedenke.

Zwischenstand der Erkenntnisse

Mit dem bis hierher ersten Teil des Buches geht es darum, auf Unklarheiten und, zum notwendigen Verständnis von biblischen Aussagen, auf fehlende Erklärungen einzugehen.

Auch vermisst der Gläubige in der Bibel und der öffentlichen Religionslehre Informationen über das

»Woher« und »Warum«

unseres menschlichen Lebens.

Es muss doch sicher dafür uns nicht bekannte Ursachen und Gründe geben. Was wir als irdische Erdbewohner wissen können, ist das, was wir mit unseren menschlichen Wahrnehmenssinnen erfassen und zum Teil deuten können.

Wie im Vorwort schon angedeutet, ist über unser irdisches Erfassungsvermögen gehendes, nicht befriedigendes Unwissen für immer mehr Mit-menschen nicht mehr fördernd, Mitglied einer weltlichen Konfession zu sein.

Mit den unter dem Kapitel »Das Dasein« geschichtlich ausführlich beschriebenen Zeit- und Geschehnisabläufen kennen wir schon viele

»Ursachen« und **»Gründe«**

- des heutigen Bestehens der **Menschheit,**
- **den tieferen** Sinn des menschlichen Lebens,

weil wir gefallene Engel sind.

- Möglichkeit **mehrerer Leben**
- (irdische Lehrkurse) durch Inkarnation
- Bestehen einer geistigen Welt
- (**Jenseits / Himmel / satanische Welt**)
- Allmacht Gottes, Christus, Engelswelt
- Auswirkungen der »Erlösung«

Anschliessend finden Sie viele von Christus gegebene Gleichnisse. Mit den hier über die Geschichte und die Geschehnisse der geistigen Welt erhaltenen Kenntnissen werden Sie die Gleichnisse besser verstehen.

Wenn Sie sich nun laufend, bei Gelegenheiten, in ungestörter Ruhe, darin vertiefen, werden Ihnen die in diesen Gleichnissen angeführten Themen noch vertrauter und Sie über ihre gewonnenen Erkenntnisse zu wertvollen weiteren Gedanken und Folgerungen führen.

Und nun zum Start in diese Gleichnisse.

Christus sendet den Menschen »den Geist der Wahrheit«.

Symbolische Gespräche zu Gleichnissen

(Zur Einführung in die Gleichnisse Christi,
siehe als Grundlage auch die Zürcher Bibel.)
Kursive Hinweise sind persönliche Anmerkungen des Autors oder der direkten Wahrheitsquelle.

Wichtigkeit der Gleichnisse (Spr. 1,6)

… dass man Gleichnis und Sinnspruch verstehe,
achte die Worte der Weisen und ihre Rätsel. (Sir. 39,3)

Er ergründet den verborgenen Sinn und vertieft sich
in die Rätsel der Weisheitsworte. (Sir. 47,17)

Mit Sinnsprüchen setztest du
die Völker in Erstaunen. (Mat. 13,1)

Und die Jünger traten herzu und sagten zu ihm:
Warum redest du in Gleichnissen zu ihnen?
Er aber antwortete und sprach:

Weil es euch gegeben ist,
die Geheimnisse des Reiches der
Himmel zu erkennen, jenen aber
ist es nicht gegeben.

Denn wer hat, dem wird gegeben werden, und er wird Überfluss haben; wer aber nicht hat, dem wird auch das genommen, was er hat.

Deshalb rede ich in Gleichnissen zu ihnen, weil sie mit sehenden Augen nicht sehen und mit hörenden Ohren nicht hören, nicht verstehen.

Alle von Christus dargebotenen Gleichnisse sind geistig und nicht irdisch weltlich zu verstehen.

Christus sprach bei seinen Gleichnissen immer etwas an, das ihn persönlich betraf.

»Es könnte sich auf den Schöpfungsplan, auf den Heils- und Erlösungsplan beziehen, auf sein Zusammensein mit dem Vater, auf seine Stellung als höchster von Gott geschaffener Geist im Jenseits, auf sein Verhältnis zu den Menschen, auf sein Verhältnis zu Luzifer, zum Totenreich. Auf all dies hat Christus auf sinnbildliche Weise immer wieder hingedeutet.

Wer aber über die Schöpfung und über den Grund des Menschseins nicht Bescheid weiss, wer über die Geisteswelt und über die eigene Einkehr in sie, nach dem irdischen Tode, nicht unterrichtet ist, vermag die Sinnbilder und Gleichnisse ***Jesu niemals*** *zu verstehen. Denn wer die Geisteswelt nicht anerkennt, den inneren Zusammenhang aller Dinge teilweise schon von allem Anfang ablehnt, kann ja nicht in Einklang gelangen mit dem, was hier als Deutung gegeben wird.«*

Zeitschrift »Geistige Welt«, Nr. 11, 1980.

Die hier aufgeführten Gleichnisse sind nur ein Teil aller der von Christus dargebotenen Gleichnisse.

Diese sind alle in irgendeiner Form in der landesläufigen Bibel enthalten.

»… Die meisten Menschen kennen den wahren Glauben nicht, und sie wissen auch nicht, warum Christus ein menschliches Dasein auf sich genommen hat.

Sie kennen die Ursache allen Geschehens nicht, und daher vermögen sie nicht, im Glauben stark zu werden. Dabei ist es für den Christenmenschen eine Notwendigkeit, über die Ursache der Menschwerdung Christi unterrichtet zu sein. Für seinen Glauben braucht es ein Ur-Wissen.

Ohne ein solches Ur-Wissen bleibt ihm so vieles rätselhaft, und eben deswegen fängt er an zu zweifeln.

Er wendet sich vom Glauben ab.

Darum versuche ich, dem gläubigen Menschen Erklärungen über Dinge zu bringen, die man gemeinhin als Geheimnisse bezeichnet. So behauptet man, die Menschwerdung Christi sei ein Geheimnis. Die Menschwerdung Christi ist kein Geheimnis. Sie hat ihre ***Ursache.***

Auch euer Leben hat eine Ursache, und diese Ursache muss man kennen. Dann wird schlagartig vieles leichter zu verstehen und zu begreifen.

Zur Kenntnis der hier genannten ***Ursache***

sei auf die vom konfessionellen Christentum unabhängige Literatur verwiesen.

Christus hat während seiner Lehrzeit so vieles symbolisch ausgedrückt, indem er in Bildern sprach. Weil es unmöglich war, die ganze Wahrheit so zu verkünden, wie sie wirklich war, blieb ihm gar nichts anderes übrig, als sich einer Bildersprache zu bedienen.

Wer jedoch über jenes Ur-Wissen verfügt, von dem ich sprach, dem werden die Worte und Aussprüche Christi bei näherer Betrachtung völlig verständlich.«

Zeitschrift »Geistige Welt«, Nr. 12, 1979.

GL Zürich

»Zu einigen Gleichnissen Christi«

Siehe hierzu auch die Erläuterungen

»MEWO«-Büchlein 1971, Seiten 59–79.

Verzeichnisse biblischer Gleichnisse

Alphabetisch nach Thema

Nach Bibel-Evangelien

Mat. 24,45	57	Knecht
Mat. 25,1	57	Jungfrauen
Mat. 25,14	54	Talente
Luk. 14,16–24	47	Gastmahl
Luk. 15,8–10	64	Silberstück
Luk. 16,1–10	49	Haushalter
Luk. 16,19–31	48	Lazarus
Joh. 6,51	42	Fleisch
Joh. 15,5	61	Weinstock
Joh. 16,12	54	Tröster

Die Gleichnisse

»Es kommt der Tag, wo es besser ist, wenn derjenige, der auf dem Dache arbeitet, nicht mehr hinuntersteigt.« (Luk. 17,31–33)

Das ist in diesem Falle wörtlich so gemeint:

Steigt einer vom Dache hinunter aus Angstgefühlen, um sich in Sicherheit zu bringen, kann er umkommen.

»Es kommt der Tag oder die Nacht, und es werden zwei auf einem Lager liegen, und der eine wird angenommen, und der andere wird gelassen.

Und wenn zwei Frauen miteinander Getreide mahlen, wird die eine angenommen, die andere wird gelassen.

Und wenn zwei auf dem Acker arbeiten, wird der eine von ihnen angenommen, der andere wird gelassen.« (Luk. 17,34–36)

Viele aber, welche **Erste** sind, werden Letzte sein, und (viele,) welche Letzte sind, **Erste**.

Dazu die direkte geistige Quelle:

»Mit diesen Worten meinte er (Christus) ja jene, die in dieser Welt immer zuvorderst stehen und auf ihre eigenen Bedürfnisse bedacht sind, die zuerst immer nur an sich denken und Mitmenschen bei Seite schieben. Jene werden dereinst in der Ewigkeit dann eben zu den Letzten gehören. Und man wird sich ihrer dann auch erst zuletzt annehmen, und sie werden zuletzt die Herrlichkeiten erleben.« (Mat. 19,30)

Zeitschrift »Geistige Welt«, Nr. 51, Jahrgang 1973: Bücher 1973 und 1981, Nr. 22.

»Vom **Feigenbaum** aber lernet das Gleichnis: Wenn sein Zweig schon saftig wird und die Blätter hervorwachsen, merkt man, dass der Sommer nahe ist.

So sollt auch ihr, wenn ihr dies alles seht, merken, dass er nahe vor der Türe ist.« (Mat. 24,32)

»Aber das Brot, das ich geben werde, ist zugleich mein **Fleisch**, das ich geben werde für das Leben der Welt.

Die Juden stritten nun untereinander und sagten: Wie kann dieser uns sein **Fleisch** zu essen geben? Da sprach Jesus zu ihnen: Wahrlich, wahrlich, ich sage euch: Wenn ihr nicht das **Fleisch** des Sohnes des Menschen esst und sein **Blut** nicht trinkt, habt ihr kein Leben in euch. Wer mein **Fleisch** isst und mein **Blut** trinkt, hat ewiges Leben, und ich werde ihn auferwecken am jüngsten Tage. Denn mein **Fleisch** ist wahre Speise und mein **Blut** ist wahrer Trunk. (Joh. 6,51)
Wer mein **Fleisch** isst und mein **Blut** trinkt,
bleibt in mir und ich in ihm.«
»Über diese Worte entsetzten sich die Zuhörenden.
Sie fingen an zu spotten:
‚Das geht zu weit! Jetzt meint er doch
wahrhaftig, wir würden sein ***Blut*** *trinken*
und sein ***Fleisch*** *essen.‘*
Und sie verliessen ihn, sodass nur noch
wenige ihn umstanden.

Selbst die Jünger murrten.
Obwohl sie ihrem Meister treu ergeben waren, hatten sie doch das Gefühl, das hätte er nicht sagen dürfen. Wohl ahnten sie, dass diese Worte nicht wörtlich gemeint waren; trotzdem fanden sie, er sei zu weit gegangen, so etwas sagt man nicht.
Christus hatte die Gedanken seiner Jünger erkannt, und so fragte er sie:
‚Wollt nicht auch ihr gehen?'
Denn die Leute waren ja fortgegangen, und so lag diese Frage nahe. Aber sie blieben bei ihm; nur baten sie ihn:
‚Das musst du uns genau erklären! …'
Der Meister ging mit den Jüngern in ein Haus hinein.
Dort liess man sich nieder und nahm Speise zu sich.
Dann erklärte er ihnen:

> *‚Das, was ich gesagt habe*
> *(Joh. 6,63.) (Fleisch und Blut),*
> *ist **Leben und Geist.**'*«

*Es ging also nicht darum, sein persönliches **Blut** zu trinken und sein leibliches **Fleisch** zu essen – damit hatte es wahrhaftig nichts zu tun. Sondern diese Worte sollten*

> ***Geist und Leben** bedeuten.*

Freilich, auch damit gaben sich die Jünger nicht zufrieden, und so musste ihnen der Meister nähere Erklärungen geben, um ihnen begreiflich zu machen, was unter ***Geist und Leben*** *zu verstehen sei. Solche Erklärungen hatte er ihnen schon öfters gegeben.*

»Wie oft habe ich euch schon gesagt: Ich bin das Brot des Lebens.« Dann sprach er zu den Jüngern. Er komme vom Himmel her; der Vater habe ihn gesandt, damit er der Menschheit den Weg frei mache, auf dem sie wieder ins Himmelreich heimkehren können.

Auch wiederholte ihnen Christus seine Worte:

»Wer an mich glaubt, wird leben,
auch wenn er stirbt.« (Vgl. Joh. 11,25)

Mit dem Wort »leben« meinte Christus nicht das Menschsein.

Er wies die Jünger auf den ***lebendigen*** *Gott hin, dessen Sohn er sei, sie aber; sie aber gehörten nicht zu diesem* ***lebendigen*** *Gott, sondern zum Reich des Todes (Luzifers).*

Doch sei er gerade ja gekommen, um zu retten, zu befreien, zu lösen.

Christus versuchte, den Jüngern so gut wie nur möglich zu erklären, indem er vom Leben sprach, das sich überall fände, in jedem Blatt, in jedem Grashalm, sogar im Gestein. Aber in dieses (irdische) Leben müsse der Geist Eingang finden. Der Geist (der Abgefallenen) werde in ein immer neues (materielles) Gewand gekleidet.

Sie, die Jünger, hätten bereits die Stufe
des Menschseins erreicht.

Nun sei in ihrem »Gewand«,
in ihrem irdischen Leib, der Geist lebendig.
Trotz dieser irdischen ***Lebendigkeit*** *seien sie noch immer nicht Gott zugehörig. Darum hatte Christus ja auch zu dem gesagt, der ihm nachfolgen, zuerst aber noch seinen Vater begraben wollte:*

»Lass die Toten ihre Toten begraben!« (Mat. 8,22)

Solche Worte kann man nur verstehen, wenn man immer wieder davon hören und die dazu gegebene Auslegung in seinem Innersten aufnehmen kann.

Ich komme auf Christi Worte zurück:

»Wer mein Blut nicht trinkt,
hat keinen Anteil an mir.«

Weil es in der Christenheit nicht richtig verstanden worden ist, gab es so viele Irrtümer und falsche Auslegungen. Christus meinte nicht sein eigenes ***Blut****, das sagte ich schon. Er sprach doch in einer Erklärung den Jüngern gegenüber von* ***»Geist und Leben«.***

»Wenn nicht ***Blut*** *durch die Adern rollt, ist kein Leben in ihm.*

Wem aber ist all das zu verdanken, was geworden ist, sei es im Himmel oder auf Erden? Durch Christus ist alles geworden – und so auch das ***Blu****t, das für den Menschen Lebenselixier ist und ohne das er nicht leben kann.«*

Zeitschrift »Geistige Welt«, Nr. 24, 1980.

Ein Mann veranstaltete ein grosses **Gastmahl** und lud viele ein. Und zur Stunde des **Gastmahls** sandte er seinen Knecht, den Eingeladenen zu sagen: Kommet, denn es ist nun bereit! Und alle fingen in gleichen Masse an, sich zu entschuldigen. Der Erste sagte zu ihm: Ich habe einen Acker gekauft und muss notwendig hinausgehen und ihn besichtigen; ich bitte dich, sieh mich als entschuldigt an! Und ein andrer sagte: Ich habe fünf Joch Ochsen gekauft und gehe hin, um sie zu prüfen; ich bitte dich, sieh mich als entschuldigt an!

Noch ein andrer sagte: Ich habe eine Frau genommen und kann deshalb nicht kommen. Und der Knecht kam und berichtete dies seinem Herrn. Da wurde der Hausherr zornig und sagte zu seinem Knecht: Geh schnell hinaus auf die Strassen und Gassen der Stadt und führe die Armen und Krüppel und Blinden und Lahmen hier herein! Und der Knecht sagte: Herr, es ist geschehen, was du befohlen hast, und es ist noch Raum vorhanden. Da sagte der Herr zu dem Knecht: Geh hinaus auf die Landstrassen und an die Zäune und nötige sie, herein zu kommen, damit mein Haus voll werde! Denn ich sage euch: Keiner jener Männer, die eingeladen waren, wird mein **Gastmahl** zu kosten bekommen. (Luk. 14,16–24)

Erklärung aus direkter geistiger Quelle:

*Wer waren denn die Menschen, die Christus in seinem Gleichnis zum **Mahle** geladen hatte?*

Dabei ist darauf hinzuweisen, dass Christus im Tempel und in den Synagogen gelehrt hat, wo er mit den Schriftgelehrten und Pharisäern zusammenkam.

Stets ging es ihm darum, als Gottes Sohn anerkannt zu werden. Er wollte von den Menschen als Sohn Gottes angenommen werden, sie sollten ja dazu sagen.

Allein die Pharisäer und Schriftgelehrten sagten nein … Christus aber nahm sich der Armen an. Er heilte die Kranken, die Blinden, die Lahmen …

Zeitschriften / Bücher »Geistige Welt« Nr. 19, 1977; Nr. 12, 1979 / Nr. 20, 1981.

»Jeder nun, der diese meine Worte hört und sie tut, ist einem klugen Manne zu vergleichen, der sein **Haus** auf den Felsen baute … und jeder, der diese meine Worte hört und sie nicht tut, ist einem törichten Manne zu vergleichen, der sein **Haus** auf den Sand baute.« (Luk. 6,47; Mat. 7,24)

»Es war ein reicher Mann, der hatte einen **Haushalter;** und dieser wurde bei ihm verklagt, dass er ihm den Besitz verschleudere. Und er liess ihn rufen und sagte zu ihm:

Was höre ich da über dich? Lege Rechenschaft ab über deine Verwaltung! Denn du kannst nicht mehr Haushalter sein. Da sagte der **Haushalte**r bei sich selbst:

Was soll ich tun, da mein Herr mir die Verwaltung nimmt? Graben kann ich nicht; zu betteln schäme ich mich.

Ich weiss, was ich tun will, damit sie, wenn ich von der Verwaltung abgesetzt bin, mich in ihre Häuser aufnehmen.

Und er liess jeden Einzelnen der Schuldner seines Herrn zu sich rufen und sagte zu dem Ersten: Wie viel bist du meinem Herrn schuldig? Der antwortete: Hundert Bath Oel. Da sagte er zu ihm: Nimm hier deinen Schuldschein, setz dich schnell hin und schreibe: fünfzig.

Darauf sagte er zu einem andern: Du aber, wie viel bist du schuldig? Der antwortete: Hundert Kor Weizen. Er sagte zu ihm: Nimm hier deinen Schuldschein und schreibe: achtzig.

Und der Herr lobte den **ungerechten Haushalter**, dass er klug gehandelt habe. Denn die Söhne dieser Welt sind ihrem Geschlecht gegenüber klüger als die Söhne des Lichts. Und ich sage euch: Machet euch Freunde mit dem ungerechten Mammon, damit sie, wenn er (euch) ausgeht, euch aufnehmen in die ewigen Hütten!« (Luk. 16,1–10)

Auszüge aus Deutung von direkter geistiger Quelle:
Der reiche Hausherr ist Gott,
der ungetreue Verwalter der Teufel

… — Der ***Teufel*** *hatte doch sein Reich, und in seinem Reich hatte er Gewalttaten verübt. Mit den Worten, er habe den Besitz seines Herrn verschleudert, ist sein ungerechtes Handeln gemeint. Das alles ist symbolisch zu verstehen. Dieses Verschleudern des Besitzes Gottes oder der höheren Welt besagt, dass er das ihm zugestandene Reich nicht so* ***verwaltete****, wie es ihm von Gott vorgeschrieben war.*

… – Gott hatte den ***Teufel*** *wegen seiner Ungerechtigkeit verwarnt. Gott hatte ihm gedroht, er habe Gehorsam zu leisten, sonst werde er ihn von seinem Platz als Herrscher des Reiches entfernen, das ihm damals (nach dem Abfall) zugesprochen worden war.*

… – Da sagte der **Teufel.** –… – bei sich selbst: Was soll ich tun? Da mein Herr mir die **Verwaltung** nimmt? Graben kann ich nicht; zu betteln schäme ich mich. – … – Der **Teufel** hatte nämlich Kenntnis davon, dass er nach dem Willen Gottes (wenn er abgesetzt würde) in ein menschliches Dasein würde treten müssen, so wie es bei andern gehandhabt wird. Denn es gibt einen geistigen Aufstieg aus der Hölle heraus in ein menschliches Dasein. Das also sah der **Teufel** voraus. Er wollte für sich keine Menschwerdung, denn er sagte:

»Graben kann ich nicht«, das heisst: Er wollte nicht arbeiten, und betteln wollte er auch nicht. Er wollte nicht in ein menschliches Dasein treten.

… – Ich weiss, was ich tun will, damit sie, wenn ich von der **Verwaltung** abgesetzt bin, mich in ihre Häuser aufnehmen.

Das »sie« bezieht sich auf die Schuldner des Herrn. Symbolisch hat hier Christus angedeutet, dass **der ungetreue Haushalter** – **eben der Teufel** – an die Menschen herandrang, sie in Versuchung führte und sie zum Betrug inspirierte. –

… – Und er liess jeden einzelnen der Schuldner seines Herrn zu sich rufen. – … – Eben damit ist symbolisch ausgedrückt, dass der **Teufel** den Weg zu den Menschen eingeschlagen und jeden dazu inspiriert hätte, auf diese oder jene Art zu betrügen.

Er sagte zum Ersten: Wie viel bist du meinem Herrn schuldig? Der antwortete: Hundert Bath (zu 36 Liter). Da sagte er zu ihm: Nimm deinen Schuldschein, setz dich schnell hin und schreibe fünfzig. – … – Ja, der **Teufel** hatte den Menschen zum Betrug inspiriert. Danach sagte er zu einem andern: Du aber, *wie viel bist du schuldig? Der antwortete: Hundert Kor (zu 360 Liter) Weizen.*

Er sagte zu ihm: Nimm hier deinen Schuldschein und schreibe achtzig.

– Ja, sein kluges Vorgehen wurde gelobt, aber nicht die Tat als solche. Um dies verständlich zu machen, braucht es noch den nächsten Satz.

… – Denn die Söhne dieser Welt sind ihrem Geschlecht gegenüber klügere als die Söhne des Lichts. –

… – Ja, dazu ist zu sagen: Die Menschen werden in dieser Weise inspiriert. Sie nehmen den Ratschlag an, wenn es um ihren eigenen Vorteil geht. In dem Gleichnis wird die Klugheit ihres Vorgehens gelobt, aber nicht die von ihnen begangene Tat. Es kommt zum Ausdruck, dass die »Söhne dieser Welt« klug genug sind, um sich zu wehren, während die »Söhne des Lichts« nicht in dieser Weise vorgehen. Sie haben in sich nicht den Drang, so zu wirken, wie es Menschen tun, die nur auf ihren Besitz und ihr eigenes Wohl aus sind.

Die »Kinder des Lichts« sind bei den guten Taten, die sie vollbringen, zurückhaltender, bescheidener. Zugleich soll damit ausgedrückt werden, dass die »Kinder des Lichts« sich bereitfinden, den andern einen Teil ihrer Schuld zu erlassen.

Zeitschrift »Geistige Welt«, Nr. 17, 1979.

Es war ein **Hausher**r; der pflanzte einen Weinberg und zog einen Zaun darum und grub eine Kelter darin und baute einen Turm; und verpachtete ihn an Weingärtner und zog ausser Landes. Als aber die Zeit der Früchte herangekommen war, sandte er seine Knechte zu den Weingärtnern, um seine Früchte in Empfang zu nehmen.

Und die Weingärtner ergriffen seine Knechte und schlugen den einen, den andern töteten sie, den dritten steinigten sie. Wiederum sandte er andre Knechte hin, mehr als die ersten, und sie taten ihnen ebenso.

Zuletzt aber sandte er seinen Sohn zu ihnen, indem er sagte: Sie werden sich vor meinem Sohne scheuen. Als jedoch die Weingärtner den Sohn sahen, sagten sie untereinander: Dies ist der Erbe, kommet, lasset uns ihn töten und sein Erbgut behalten. Und sie ergriffen ihn, stiessen ihn zum Weinberg hinaus und töteten ihn.

Wenn nun der Herr des Weinbergs kommt, was wird er mit diesen Weingärtnern tun? Sie sagen zu ihm: Er wird sie als Übeltäter übel umbringen und den Weinberg an andere Weingärtner verpachten, die ihm die Früchte zu ihrer Zeit abliefern werden. Jesus sagt zu ihnen: Habt ihr nie in den Schriften gelesen:

»Der Stein, den die Bauleute verworfen haben, der ist nun zum Eckstein geworden; durch den Herrn ist dieser es geworden, und er ist wunderbar in unsern Augen?

Deshalb sage ich euch: Das Reich Gottes wird von euch genommen und einem Volk gegeben werden, das dessen Früchte bringt.« (Mat. 21,33)

Erklärung aus direkter geistiger Quelle:

Mit dem Weingarten ist die Erde gemeint, auf der die Menschen leben, und mit dem, der ihn verpachtet, **Gott**. *Er ist »ausser Landes«, das heisst: Er ist nicht auf der Erde.*

Gott ist in dem Gleichnis mit dem gemeint, der den Weingarten verpachtet hat. Wer aber ist der erste Knecht? Wer ist der zweite? Wer ist der dritte? Und wer ist der Sohn, den die Weingärtner töteten?

Ich glaube, ihr kennt die Antwort auf diese letzte Frage. Es geht jedoch darum, in der christlichen Lehre zu offenbaren, wer der erste, wer der zweite und wer der dritte Knecht war.

Doch ehe diese drei Fragen beantwortet werden können, muss erklärt werden, warum es dahin gekommen war, dass diese Knechte einen Teil des »Ertrages« einziehen sollten. Das Wort »Ertrag« ist hier von besonderer Bedeutung.

Die Menschen sollten – … während ihres Erdendaseins in ihrem Glauben an Gott gefestigt sein. Sie sollten erkennen, dass ihr Menschsein einen Grund hat, dem sie nachgehen müssen. In der christlichen Lehre ist von den Propheten des Alten Testamentes die Rede. Das ist bedeutungsvoll.

Noch bedeutungsvoller ist die Antwort auf die Frage: Warum mussten denn Propheten zu den Menschen entsandt werden?

Warum mussten diese Propheten den Menschen **Gottesglauben** *vermitteln und in diesem* **Gottesglauben** *stärken?*

Zeitschrift »Geistige Welt«, Nr. 11, 1980.

Das Reich der Himmel ist gleich einem König, der seinem Sohn die **Hochzeitsfeier** rüstete. Und er sandte seine Knechte aus, um die Geladenen zur **Hochzeit** zu rufen, und sie wollten nicht kommen. Wiederum sandte er andere Knechte aus und sprach: Saget den Geladenen: Siehe, ich habe meine Mahlzeit bereitet, meine Ochsen und das Mastvieh sind geschlachtet und alles ist bereit; kommet zur **Hochzeit**! Sie jedoch achteten nicht darauf, sondern gingen hinweg, der eine auf seinen Acker, der andre an sein Geschäft, die Übrigen aber ergriffen seine Knechte, misshandelten sie und töteten sie.

Da wurde der König zornig und sandte seine Heere aus, liess jene Mörder umbringen und ihre Stadt anzünden. Dann sagte er zu seinen Knechten: Die **Hochzeit** ist zwar bereit, aber die Geladenen waren unwürdig. Darum gehet an die Kreuzungen der Strassen und ladet zur **Hochzeit** ein, so viele ihr findet! Und jene Knechte gingen hinaus auf die Strassen und brachten alle zusammen, die sie fanden. Böse und Gute, und das **Hochzeitsmahl** wurde voll von Gästen. (Mat. 22,1)

Als aber der König hineinging, um sich die Gäste zu betrachten, sah er dort einen Menschen, der nicht mit einem **Hochzeitskleid** angetan war. Und er sagte zu ihm: Freund, wie bist du hereingekommen ohne ein **Hochzeitskleid**? Der aber verstummte. Da sprach der König zu den Dienern: Bindet ihm Hände und Füsse und werft ihn hinaus in die Finsternis, die draussen ist!

Dort wird Heulen und Zähneknirschen sein. Denn viele sind berufen, wenige aber auserwählt.

Siehe auch die Erklärung im Gleichnis ***»Unkraut«, Seite 57/58,*** und *Zeitschrift »Geistige Welt«, Nr. 15, Jahrgang 1984, Seiten 172 f.*

Dann wird das Reich der Himmel **zehn Jungfrauen** gleich sein, die ihre Lampen nahmen und dem Bräutigam entgegengingen. Fünf aber von ihnen waren töricht, und fünf waren klug. Die Törichten nämlich nahmen ihre Lampen und nahmen kein Öl mit sich. Die Klugen dagegen nahmen ausser ihren Lampen Öl in ihren Gefässen mit. Doch als der Bräutigam ausblieb, wurden sie alle schläfrig und schliefen ein. Mitten in der Nacht aber erscholl ein Geschrei: Siehe, der Bräutigam! Gehet hinaus, ihm entgegen!

Da erwachten mal jene **Jungfrauen** und rüsteten ihre Lampen.

Die Törichten aber sagten zu den Klugen: Gebet uns von euerm Öl, denn unsere Lampen verloschen.

Da antworteten die Klugen: Es möchte für uns und für euch nicht reichen; gehet vielmehr zu den Krämern und kaufet euch!

Während sie aber hingingen, um zu kaufen, kam der Bräutigam; und die, welche bereit waren, gingen mit ihm hinein zur Hochzeit, und die Türe wurde verschlossen. Später kamen dann auch die übrigen Jungfrauen und sagten: Herr, Herr, öffne uns!

Er aber antwortete und sprach: Wahrlich, ich sage euch: Ich kenne euch nicht. Darum wachet! Denn ihr wisst weder den Tag noch die Stunde. (Mat. 25,1)

Wiederum ist das Reich der Himmel gleich einem **Kaufmann**, der schöne Perlen suchte. Als er aber eine kostbare Perle gefunden hatte, ging er hin, verkaufte alles, was er hatte, und kaufte sie. (Mat. 13,45)

Wer ist also der treue und kluge Knecht, den sein Herr dazu über sein Gelände gesetzt hat, ihnen die Speise zur rechten Zeit zu geben? Wohl jenem **Knecht**, den sein Herr, wenn er kommt, bei solchem Tun finden wird! Wahrlich, ich sage euch: Er wird ihn über sein ganzes Besitztum setzen. Wenn aber jener **böse Knecht** in seinem Herzen sagt: Mein Herr bleibt noch aus, und anfängt, seine Mitknechte zu schlagen, aber mit den Trunkenen isst und trinkt, so wird der Herr jenes **Knechtes** an einem Tage kommen, an dem er es nicht erwartet, und zu einer Stunde, die er nicht weiss, und wird ihn in Stücke hauen lassen und ihm sein Teil unter den Heuchlern geben. Dort wird Heulen und Zähneknirschen sein. (Mat. 24,45)

Siehe auch die Erklärung im Gleichnis ***»Unkraut«***, Seite 57/58.

Das Gleichnis vom reichen Mann und dem armen Lazarus

Siehe Zeitschriften »Geistige Welt«, Nr. 49, Seite 390, Jahrgang 1978, und Nr. 5, Jahrgang 1980, sowie Nr. 13, 1982, und Buch 1976.

Wiederum ist das Reich der Himmel gleich einem **Netz**, das ins Meer geworfen wurde und (Fische) von aller Art zusammenbrachte. Und als es voll geworden war, zogen sie es ans Gestade, setzten sich und sammelten die guten in Gefässe, die faulen aber warfen sie weg. So wird es am Ende der Welt sein: Die Engel werden ausgehen und die Bösen mitten aus den gerechten aussondern und sie in den Feuerofen werfen. Dort wird Heulen und Zähneknirschen sein. (Mat. 13,47)

Siehe hierzu die Erklärung im Gleichnis ***»Unkraut«***, Seite 57/58

... der **Säemann** ging aus, um zu säen. Und indem er säte, fiel etliches auf den Weg, und die Vögel kamen und frassen es auf. Andres fiel auf den felsigen Boden, wo es nicht viel Erde hatte, und es ging sogleich auf, weil es nicht tiefe Erde hatte; als aber die Sonne aufging, wurde es verbrannt, und weil es nicht Wurzel hatte, verdorrte es. Noch anderes fiel unter die Dornen, und die Dornen wuchsen auf und erstickten es. Noch anderes fiel auf den guten Boden und brachte Frucht, etliches hundertfältig, etliches sechzigfältig, etliches dreissigfältig. Wer Ohren hat der höre! (Mat. 13,3 / Luk. 8,4 / Mark. 4,1)

Siehe hierzu die Erklärung im Gleichnis ***»Unkraut«***, Seite 57/58

Biblische Deutung: So höret ihr nun das Gleichnis vom **Säemann!** Sooft jemand das Wort vom Reiche hört und es nicht versteht, kommt der Böse und raubt das, was in sein Herz gesät ist. Dies ist der, welcher auf den Weg gesät ist.

Der aber, bei dem der Samen auf den felsigen Weg gesät ist, das ist der, welcher das Wort hört und es alsbald mit Freuden aufnimmt; er hat jedoch keine Wurzel in sich, sondern ist ein Mensch des Augenblicks; wenn aber um des Wortes willen Trübsal oder Verfolgung entsteht, nimmt er alsbald Anstoss. Der aber, bei dem der Samen unter die Dornen gesät ist, das ist der, welcher das Wort hört, und die Sorge der Welt und der Trug des Reichtums ersticken das Wort, und es bringt keine Frucht. Der aber, bei dem der Samen auf den guten Boden gesät ist, das ist der, welcher das Wort hört und versteht; dieser bringt denn auch Frucht, und zwar trägt der eine hundertfältig, der andere sechzigfältig, ein anderer dreissigfältig. (Mat. 13,18)

Siehe auch Heft 8, Seite 58, Abschnitt 3 GW 1960, und Heft Nr. 2, Seite 19, Abschnitt 3 f., GW 1980.

Das Reich der Himmel ist gleich einem **Sauerteig**, welchen eine Frau nahm, und unter drei Scheffel Mehl mengte, bis es ganz durchsäuert war. (Mat. 13,33)

Was meint ihr? Wenn ein Mensch hundert **Schafe** hat, und es verirrt sich eins von ihnen, wird er nicht die 99 auf den Bergen lassen, und geht er nicht hin und sucht das verirrte?

Und wenn es sich begibt, dass er es findet, wahrlich, ich sage euch: (Mat. 18,12, Luk. 15,1)

Er freut sich über dasselbe mehr als über die 99, die nicht verirrt waren. So ist es nicht der Wille eures Vaters in den Himmeln, dass eines dieser Kleinen verloren gehe.

Siehe Zeitschriften »Geistige Welt«, Nr. 6, Seite 67, Jahrgang 1980.

Das Reich der Himmel ist gleich einem im Acker verborgenen **Schatz**, den ein Mensch fand und (wieder) verbarg. Und in seiner Freude geht er hin und verkauft alles, was er hat, und kauft jenen Acker.

Erklärung aus direkter geistiger Quelle:

Forscht man nach dem wahren Sinn dieses Gleichnisses, führt dies auf Christus selbst hin. Den im Acker verborgenen ***Schatz*** *bezog Christus nämlich* ***auf sich selbst.*** *Der Vater hatte ja mit ihm besprochen, auf welche Weise es möglich werden könnte, der Menschheit Befreiung und Erlösung zu bringen.* (Mat. 13,44)

Doch sollte das, was Gott und Christus da rüber besprochen, Luzifer ***verborgen*** *bleiben, denn Luzifer besass noch immer (mediale) Fähigkeiten, die ihm eine Schau in die geistige Welt hinein ermöglichten. Allein, nach dem Willen Gottes sollte Luzifer der Erlösungsplan verborgen bleiben.*

Vor allem sollte er nicht in Erfahrung bringen dürfen, dass Christus sich bereit erklärt hatte, die Aufgabe der Erlösung der Abgefallenen ***selbst*** *zu übernehmen. So ist dies zu verstehen.*

Christus war bereit, die Seinen zurückzuholen, um sie wieder in die Glückseligkeit zu führen.

Aber wie dies zwischen dem Vater und ihm einst ausgedacht worden war, sollte ein wohl gehütetes Geheimnis bleiben, und zwar so lange, bis einer diesen ***»Schatz«*** *fand, also bis man Christus als den Mensch gewordenen Erlöser erkannte und man wusste, dass er nur gekommen war, um die ihm Verlorengegangenen wieder zurückzuholen –; denn Christus wollte sie alle wieder bei sich haben.*

Zeitschrift »Geistige Welt«, Nr. 19, 1986.

Das Reich der Himmel ist gleich einem **Senfkorn**, das ein Mensch nahm und auf seinen Acker säte. Dieses ist zwar kleiner als alle (andern) Samenarten; wenn es aber herangewachsen ist, ist es grösser als die Gartenpflanzen und wird ein Baum, sodass die Vögel des Himmels kommen und in seinen Zweigen nisten.

(Mat. 13,31; Mark. 4,30; Luk. 13,18)

Erklärung: Wächst im Herzen des Menschen, fest verankert, eine göttlich-geistige Erkenntnis, und sei diese noch so klein, erweitert und entfaltet sie sich zu einem zweigreichen Baum.

Gleichnis vom verlorenen Silberstück

Oder eine Frau, die zehn Drachmen hat (Silberstücke), zündet nicht, wenn sie eine Drachme verliert, ein Licht an, kehrt das Haus und sucht mit Fleiss, bis sie sie findet?

Und wenn sie sie gefunden hat, ruft sie ihre Freundinnen und Nachbarinnen zusammen und sagt:

Freuet euch mit mir! Ich habe die Drachme gefunden, die ich verloren hatte. *So, sage ich euch, ist das bei den Engeln Gottes Freude über einen Sünder, der Busse tut.*

(Luk. 15,8–10)

Siehe Zeitschrift »Geistige Welt«, Nr. 6, Jahrgang 1982.

Ein Mann hatte **<u>zwei Söhne</u>**. Er trat zu dem ersten und sagte: Mein **<u>Sohn</u>**, geh, arbeite heute im Weinberg! Der aber antwortete: Ja, Herr, und ging nicht hin. Dann trat er zu dem zweiten und sagte ebenso. Der aber antwortete: Ich will nicht. Später reute es ihn, und er ging hin. Wer von den zweien hat den Willen des Vaters getan? Sie sagten: Der zweite. Jesus sprach zu ihnen: Wahrlich, ich sage euch: Die Zöllner und die Dirnen kommen vor euch in das Reich Gottes. Denn Johannes ist gekommen mit der Lehre von der Gerechtigkeit, und ihr habt ihm nicht geglaubt. Die Zöllner und die Dirnen aber haben ihm geglaubt; ihr dagegen habt, als ihr es saht, hinterdrein nicht einmal Reue empfunden, sodass ihr ihm geglaubt hättet. (Mat. 21,28)

Denn es ist wie bei einem Mann, der ausser Landes reisen wollte, seine Knechte rief und ihnen sein **Vermögen** übergab. Und dem einen gab er fünf Talente, dem andern zwei, dem dritten eins, jedem nach seinen Kräften, und reiste ab. Alsbald ging der hin, der die fünf **Talente** empfangen hatte, handelte damit und gewann fünf andere. Ebenso gewann der, welcher die zwei (Talente) empfangen hatte, der aber das eine empfangen hatte, ging hin, machte eine Grube in die Erde und verbarg das Geld seines Herrn.

Nach langer Zeit aber kommt der Herr jener Knechte und rechnet mit ihnen ab. Und der, welcher die fünf empfangen hatte, trat herzu, brachte fünf andere Talente herbei und sagte: Herr, fünf **Talente** hast du mir übergeben; siehe, ich habe fünf andre **Talente** gewonnen. Sein Herr sprach zu ihm: Recht so, du guter und treuer Knecht, du bist über weniges treu gewesen, ich will dich über vieles setzen; geh ein zum Freudenfest deines Herrn! Auch der, welcher die zwei (Talente) empfangen hatte, trat herzu und sagte: Herr, zwei **Talente** hast du mir übergeben; siehe, ich habe zwei andre **Talente** gewonnen. Sein Herr sprach zu ihm: Recht so, du guter und treuer Knecht, du bist über weniges treu gewesen, ich will dich über vieles setzen, geh ein zum Freudenfest deines Herrn! Aber auch der, welcher das eine **Talent** empfangen hatte, trat herzu und sagte: Herr, ich kannte dich, dass du ein harter Mensch bist, dass du erntest, wo du nicht gesät hast; und sammelst, wo du nicht ausgestreut hast; und ich fürchtete mich, ging hin und verbarg dein **Talent** in der Erde .

Siehe, da hast du das Deine!

Sein Herr aber antwortete und sprach zu ihm: Du böser und fauler Knecht, wusstest du, dass ich ernte, wo ich nicht gesät habe, und sammle, wo ich nicht ausgestreut habe? Dann hättest du mein Geld den Geldverleihern bringen sollen, und ich hätte bei meiner Rückkehr das Meinige mit Zinsen zurückerhalten.

Drum nehmt ihm das **Talent** weg und gebet es dem, der die zehn **Talente** hat! Denn jedem, der hat, wird gegeben werden, und er wird Überfluss haben; dem aber, der nicht hat, wird auch das genommen werden, was er hat.

Und den unnützen Knecht stosset hinaus in die Finsternis, die draussen ist. Dort wird Heulen und Zähneknirschen sein.

(Mat. 25,14)

Siehe hierzu die Erklärung im Gleichnis ***»Unkraut«***, Seite 57/58

Noch vieles habe ich euch zu sagen, aber ihr könnt es jetzt nicht tragen. Wenn aber jener kommt, der »Geist der Wahrheit«, wird er euch in die ganze Wahrheit leiten; …

Zusätzliche Erklärung aus direkter geistiger Quelle:

Christus hat dazumal den Menschen die Worte gegeben:

»Ich werde euch dann
einen Tröster senden!«

Und darüber möchte ich euch die Erklärung geben. Mit diesen Worten, die Christus gegeben hatte, meinte er, dass nach ihm die Engel Gottes zu den Menschen gesandt würden.

Er hat als Erlöser seine Aufgabe erfüllt, indem er den Menschen den wahren Weg zeigte zum Hause Gottes.

Seine Aufgabe war, den Menschen Belehrungen darüber zu geben, wie sie zu leben haben, um den Weg zum Hause Gottes antreten zu können. Und so brauchte er doch so viele Worte! Er erklärte die Gebote Gottes und brachte die Liebe, und so viel musste er den Menschen geben!

Und dazumal war es für jene Menschen viel schwerer, als es für die heutigen Menschen ist, die Gebote zu achten, diese Liebe zu geben und zu leben, wie Christus sie gelehrt hatte.

Da aber Christus in seiner Lehre die geistige Welt doch nicht so im Besonderen erklärt hatte, so wie ich euch Erklärungen darüber gebe, so meinte er dazumal mit seinen Worten, dass er dieses zu lehren den weiteren Boten Gottes überlasse, die er dann senden werde. Seine Aufgabe aber war es, den Menschen die Erlösung zu bringen und ihnen den wahrhaftigen Weg zu zeigen zum Hause Gottes. So durften dann die Menschen nachher im Einzelnen diese Schönheit erleben, und es wurden ihnen Bilder gegeben von der geistigen Welt, als diese **Tröster** *zu den Menschen kamen.* (Joh. 16,12)

Zeitschrift »Geistige Welt«, Nr. 43 und Buch, 1950.

Ein anderes Gleichnis legte er ihnen vor und sprach:

Das Reich der Himmel ist gleich einem Menschen, der guten Samen auf seinen Acker säte. Doch während die Leute schliefen, kam ein Feind und säte **Unkraut** dazu mitten unter den Weizen und ging davon. Als aber die Saat sprosste und Frucht brachte, da zeigte sich auch das **Unkraut**. (Mat 13,24)

Da traten die Knechte des Hausherrn herzu und sagten zu ihm: Herr, hast du nicht guten Samen auf deinen Acker gesät? Woher hat er nun das **Unkraut**? Er aber sagte zu ihnen: Ein feindlicher Mensch hat das getan. Da sagen die Knechte zu ihm: Willst du nun, dass wir hingehen und es zusammensuchen? Er aber sagt: Nein, damit ihr nicht, indem ihr das **Unkraut** zusammensucht, zugleich mit ihm den Weizen ausrauft. Lasset beides miteinander wachsen bis zur Ernte, und zur Zeit der Ernte will ich den Schnittern sagen: Suchet zuerst das **Unkraut** zusammen und bindet es in Bündel, damit man es verbrenne; den Weizen aber sammelt in meine Scheune! (Deutung der Bibel: Mat. 13, 24-30

Da verliess Jesus die Volksmenge und ging in das Haus. Und seine Jünger traten zu ihm und sagten:

Erkläre uns das Gleichnis vom ***Unkraut*** *auf dem Acker! Er aber antwortete und sprach: Der den guten Samen sät, ist der Sohn des Menschen. Der Acker ist die Welt; der gute Samen, das sind die Söhne des Reiches; das* ***Unkraut*** *sind die Söhne des Bösen; der Feind, der es aussät, ist der Teufel; die Ernte ist das Ende der Welt, die Schnitter sind die Engel.*

Wie man nun das **Unkraut** zusammensucht und mit Feuer verbrennt, so wird es am Ende der Welt sein:

Der Sohn des Menschen wird seine Engel aussenden, und sie werden aus seinem Reich alle sammeln, die ein Ärgernis sind, und die, welche tun, das wider das Gesetz ist, werden sie in den Feuerofen werfen. Dort wird Heulen und Zähneknirschen sein.

Dann werden die Gerechten im Reich ihres Vaters leuchten wie die Sonne. Wer Ohren hat, der höre!

Erklärung aus direkter geistiger Quelle:

Christus sagte auch: »Die Engel werden zu den Menschen ausgehen und die Bösen von den Gerechten sondern – sie werden die Bösen ***zeichnen.«*** *(Mat. 13,41 ff.)*

Wenn es weiter heisst: »Sie werden in das höllische Feuer (Feuerofen) geworfen«, so ist dies nicht wörtlich aufzufassen, sondern will besagen, dass die Fehlbaren durch die ***»Gutmachung«*** *zu gehen haben werden. Diese bringt freilich, für welche, die in dieser Welt grosse Schuld auf sich geladen hatten, schwere Zeiten, grosse Schmerzen, qualvolle Leiden mit sich. Siehe auch Seite 71 (Unkraut).*

So ist dies bis heute geblieben.

Noch immer durchzieht die Engelswelt die Menschheit und zeichnet einen jeden. Keiner wird vergessen und erfährt je nach seiner vergangenen ethisch lobenswerten, oder anklagbaren falschen Lebenshaltung anerkennend Beachtung und Belohnung oder wieder gut zu mache Bestrafung.

Zeitschrift »Geistige Welt«, Nr. 19, 1986, und Buch 1956.

Eine weitere Erklärung aus direkter geistiger Quelle:

Aber immer sind ja auch die düsteren Mächte auf der Lauer, *um jede Gelegenheit wahrzunehmen, um auch ihr **Unkraut** neben den göttlichen Samen auszustreuen.*

*Hat doch Christus selbst gesagt, dass man dieses **Unkraut** nicht eher entfernen dürfe, als die Ernte reif sei, um nicht das Kostbare damit auszureissen und zu verletzen.*

*Dann aber, wenn Ernte gehalten wird, gibt es eine Trennung, dann kann das **Unkraut** vernichtet werden.*

Zeitschrift »Geistige Welt«, Nr. 47, 1956, und Nr. 25, Seiten 336, Jahrgang 1980.

Herr, wie oft soll ich meinem Bruder, der wider mich sündigt, **vergeben?** Bis siebenmal? Jesus sagt zu ihm: Ich sage dir: **Nicht bis siebenmal, sondern bis 77-mal.** Deshalb ist das Reich der Himmel gleich einem König, der mit seinen Knechten abrechnen wollte. Als er aber anfing abzurechnen, wurde einer vor ihn gebracht, der war zehntausend Talente schuldig. Weil er jedoch nicht bezahlen konnte, befahl der Herr, dass er und sein Weib und seine Kinder und alles, was er hatte, verkauft und die Zahlung geleistet würde. Der Knecht warf sich nun vor ihm zu Boden und sagte: Habe Geduld mit mir, und ich will dir alles bezahlen. Da hatte der Herr Erbarmen mit jenem Knecht und gab ihn frei, und die Schuld erliess er ihm. (Mat. 18,21)

Als aber jener Knecht hinausging, fand er einen seiner Mitknechte, der ihm hundert Denare schuldig war; und er ergriff ihn, würgte ihn und sagte: Bezahle, wenn du etwas schuldig bist! Sein Mitknecht warf sich nun nieder und bat ihn: Habe Geduld mit mir, und ich will dir's bezahlen. Er aber wollte nicht, sondern ging hin und liess ihn ins Gefängnis setzen, bis er die Schuld bezahlt hätte. Als nun seine Mitknechte sahen, was geschehen war, wurden sie sehr betrübt und kamen und berichteten ihrem Herrn alles, was geschehen war. Da liess sein Herr ihn herbeirufen und sagte zu ihm: Du böser Knecht, jene ganze Schuld habe ich dir **erlassen**, weil du mich batest; hättest nicht auch du dich deines Mitknechtes erbarmen sollen, wie ich mich deiner erbarmt habe? Und sein Herr wurde zornig und übergab ihn den Folterknechten, bis er alles bezahlt hätte, was er ihm schuldig war. So wird auch mein himmlischer Vater euch tun, wenn ihr nicht jeder seinem Bruder von Herzen **vergibt**.

Denn das Reich der Himmel ist gleich einem Hausherrn, der am Morgen früh ausging, um Arbeiter in seinen **Weinberg** zu dingen. (Mat. 20,1)

Nachdem er aber mit den Arbeitern um einen Denar für den Tag übereingekommen war, sandte er sie in seinen **Weinberg**. Und als er um die dritte Stunde ausging, sah er andre müssig auf dem Markte stehen und sagte zu diesen: Gehet auch ihr in den **Weinberg**, und was recht ist, will ich euch geben. Sie aber gingen hin. Wiederum ging er um die sechste und um die neunte aus und tat ebenso. Als er aber um die elfte Stunde ausging, fand er andre dastehen und sagte zu ihnen: Warum steht ihr hier den ganzen Tag müssig? Sie antworteten ihm: Weil uns niemand gedungen hat. Er sagte zu ihnen: Geht auch ihr in den **Weinberg**! Als es aber Abend geworden war, sagte der Herr des **Weinbergs** zu seinem Verwalter: Rufe die Arbeiter und zahle den Lohn aus, indem du bei den Letzten anfängst, bis zu den Ersten! Da kamen die von der elften Stunde und empfingen jeder einen Denar. Und als die Ersten kamen, meinten sie, sie würden mehr empfangen; und auch sie empfingen jeder einen Denar. Als sie ihn aber empfangen hatten, murrten sie wider den Hausherrn, und sagten: Diese Letzten haben (nur) eine Stunde gearbeitet, und du hast sie uns gleich gemacht, die wir die Last und Hitze des Tages getragen haben. Er jedoch antwortete und sprach zu einem unter ihnen: Freund, ich tue dir nicht Unrecht. Bist du nicht um einen Denar mit mir übereingekommen? Nimm das Deine und geh hin! Ich will aber diesem Letzten so viel geben wie dir. Oder steht es mir nicht frei, mit dem Meinigen zu tun, was ich will? Oder ist dein Auge neidisch, weil ich gütig bin? So werden die Letzten **Erste** und die Ersten Letzte sein.

Erklärung aus direkter geistiger Quelle:

Es ist ein geistiges Bild, welches heisst, dass auch derjenige, der zur letzten Stunde den Weg zu Gott findet, dem gemäss aufgenommen und erhört wird. Also ist dieses Bild nicht materiell, sondern im geistigen Sinn aufzufassen.

Zeitschrift »Geistige Welt«, Nr. 25, 1961, und Nr. 22, Jahrgang 1981.

Ich bin der **Weinstock**, ihr (seid) die Schosse. Wer in mir bleibt und ich in ihm, der trägt viel Frucht; denn ohne mich könnt ihr nichts tun. Wenn jemand nicht in mir bleibt, wird er weggeworfen wie die Schosse und verdorrt, und man sammelt sie und wirft sie ins Feuer, und sie verbrennen. Wenn ihr in mir bleibt, und meine Worte in euch bleiben, so bittet, um was ihr wollt, und es wird euch zuteilwerden. Dadurch ist mein Vater verherrlicht, dass ihr viel Frucht tragt und meine Jünger werdet.

Erklärung aus direkter geistiger Quelle:

Christus sagte: »Ich bin der ***Weinstock****, ihr seid die Reben.«* (Joh. 15,5)

Er hat damit hingewiesen, dass man mit ihm verbunden sein muss.

»Ihr müsst in mir,
ich will in euch sein.«

Bei wem es nicht so ist, dem ergeht es wie diesen Zweigen, die man ins Feuer wirft, dass sie verbrennen. Er sagte auch, dass man nur durch ihn zum Vater kommt, man müsse eins werden mit ihm, sonst komme man im Geiste nicht voran zu Gott.

Was hat denn Christus mit diesem Feuer gemeint?

Er konnte es in dieser Ausdrucksweise doch nicht so grausam gemeint haben, dass jene, die nicht mit ihm sind, von ihm nicht nur nicht anerkannt würden, sondern sogar ins Feuer geworfen werden.

Man hat mit der Zeit die richtige Ausdrucksweise Christi so ent-

stellt wiedergegeben, und weil man sie nicht richtig verstand, sprach man dann von einer ewigen Verdammnis und von einer Hölle mit Feuer, worin die hineingeworfenen Seelen verbrennen.

Ach, diese ewige Verdammnis! Wie
schrecklich, wie schrecklich,

dass es überhaupt Menschen gibt, die nicht fähig sind, zu höherer Erkenntnis zu gelangen und der Liebe Gottes und Christi nicht mehr zutrauen!

Siehe auch im Gleichnis »Unkraut«. Zeitschrift »Geistige Welt«, Nr. 14, 1975.

Nachwort

Liebe Leserin, lieber Leser,

Da Sie dieses Buch nun mindestens einmal gelesen haben, ist es wahrscheinlich, dass Sie sich auch schon allgemein für Literatur mit ähnlichen oder verwandten Thema beschäftigt haben. So können Sie eventuell mit mir einig gehen, dass zwischen allgemein religiöser Literatur und diesem Buch ein wesentlicher Unterschied besteht, darin, dass uns die allermeisten der hier offenbarten Informationen aus rein geistiger Quelle gegeben worden sind. Es ist die Quelle, die in der Zeit der Urchristen den Aposteln und Jüngern Christi zuteilgeworden sind.

Die Christen kennen das Versprechen, das Christus vor seinem Heimgang (Christi Himmelfahrt) seinen Jüngern zuhanden der weiteren Menschheit gegeben hat.

»Er werde ihnen den Geist der Wahrheit senden!«

Ein solches Versprechen von Christi hat Gültigkeit, solange Menschen auf dieser Erde, zur Möglichkeit weiterer geistigen Fortschritte, inkarniert werden.

Unsere heutige Bibel entstand anfänglich aus den Urschriften der Apostel; wurde dann aber im Laufe der Jahrhunderte vom Klerus und von Konzilen nach eigenen Glaubensinteressen geän-

*dert. Und Menschen, die den Kontakt zum »**Geist der Wahrheit**« pflegten und sich nach deren Botschaften ausrichteten, wurden von der Kirche geächtet und zum Teil grausam verfolgt.*

Mit den Fortschritten von Technik und Gedankenfreiheit sind heute solche Machteinflüsse der Kirche nicht mehr möglich.

Über Menschen, welche nach göttlichen Geboten eine vorbildlich christliche Lebenshaltung führen und entsprechend über die mediale Gabe verfügen, kann die »Geistige Welt« Kontakte mit dem »Geist der Wahrheit« ermöglichen.

Damit können den Menschen direkte, unverfälschte Botschaften gebracht werden.

Lieber Leser,

alle Ausführungen dieses Büchleins sollen dir bei lückenlosem Ablegen anders lautender Vorurteile oder Wissensglauben ein wertvoll gesegnetes Glaubenswissen vermitteln, dies nach dem Vorschlag:

Prüfe alles und behalte das Gute!

Zu den Literaturquellen

Literaturquellangaben siehe jeweils am Ende von entsprechenden Kapiteln und Textabsätzen.
(abgekürzte Literaturbezeichnungen z.B.:
GW 21 / S. … = Buchjahrgang / Geistige Welt / Seite)
Jahrgangsausgaben von Büchern »Geistige Welt« aus den Jahren ab 1950 sind im öffentlichen Buchhandel und Freundeskreis, »Pro Beatrice«, Letzigraben 117, CH-Zürich erhältlich.

Nicht das Geld regiert die Welt
ISBN: 978-3-7460-2102-7

Ohne Tränen hätte die Seele keinen Regenbogen
ISBN: 978-3-8334-8681-4

Zeitnotizen
ISBN: 978-3-7494-0434-

Menschheit zwischen
„Zwei Welten“
ISBN: 978-3-7357-0622-57

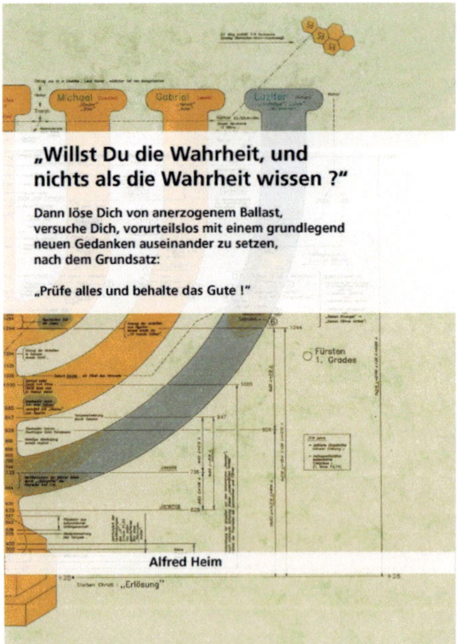

„Willst du die Wahrheit
und nichts als die Wahrheit
wissen?“
ISBN: 978-3-8334-8318-9

Die Glaubenskrise des Christentums
ISBN: 978-3-7494-0542-8

Durch Christus näher, mein Gott, zu Dir!
ISBN: 978-3-7460-743-8